經典 少年遊

011

宋徽宗趙佶

誤國的書畫皇帝

Hui-tsung of Sung
The Tragic Artist Emperor

繪本

故事◎林哲璋
繪圖◎林心雁

宋哲宗二十五歲駕崩，沒有子嗣。宰相章惇認為「端王輕浮不穩重，不能擔當皇帝重任。」然而，當時垂簾聽政的向太后十分堅持由既非嫡子、也不年長的端王趙佶繼位。最終，趙佶即位，是為宋徽宗。

4

宋徽宗的藝術造詣大於政治天分，他自創出書法「瘦金體」，繪畫也是一絕。他的簽名「花押」，像拉長的「天」字，象徵「天下一人」。他還創立宮廷書畫院，甚至以書畫作為科舉考試、任用官員的標準。

徽宗常以詩詞為書畫出題，
激發不少創意佳話，
提升了中國畫的境界。
例如以「踏花歸去馬蹄香」為題
——繪畫如何能表現出嗅覺呢？
很多畫生都畫人騎馬踏花而行。
徽宗看了直搖頭……

只有一位畫生的紙上沒有畫出花朵，他畫的是蝴蝶流連在馬蹄邊的情景。以具體的蝴蝶來呈現抽象的「香」味，充分展現文人畫家的智慧和巧思，分判出畫家和畫匠的高下，因此獲得徽宗讚賞。

8

徽宗觀察力十分入微，曾經指出畫面中的孔雀要起飛，一定是先抬起左腳；他喜歡為作品題上詩、書、畫、印，稱為「御題畫」。徽宗熟知繪畫理論，施政卻不及格。他對國家的貢獻，遠不及他的藝術成就。

徽宗施政漫不經心，忽略國計民生。大臣蔡京為了討徽宗歡心，命官員朱勔搜刮江浙一帶奇花異石呈獻；後來索性組織勞民傷財的「花石綱」，專門掠奪搜刮奇巧玩物，運往京都。

12

百姓家中如果有木石花草可供玩賞，即刻加以查封。若有不從，就扣上「大不恭」的罪名。花、石無論是在高山深谷，或在深水急流，都要勉強人民搬取。

朱勔看中一塊大型太湖石，為了運送進京，不惜調動巨型戰艦，強迫人民當苦力。

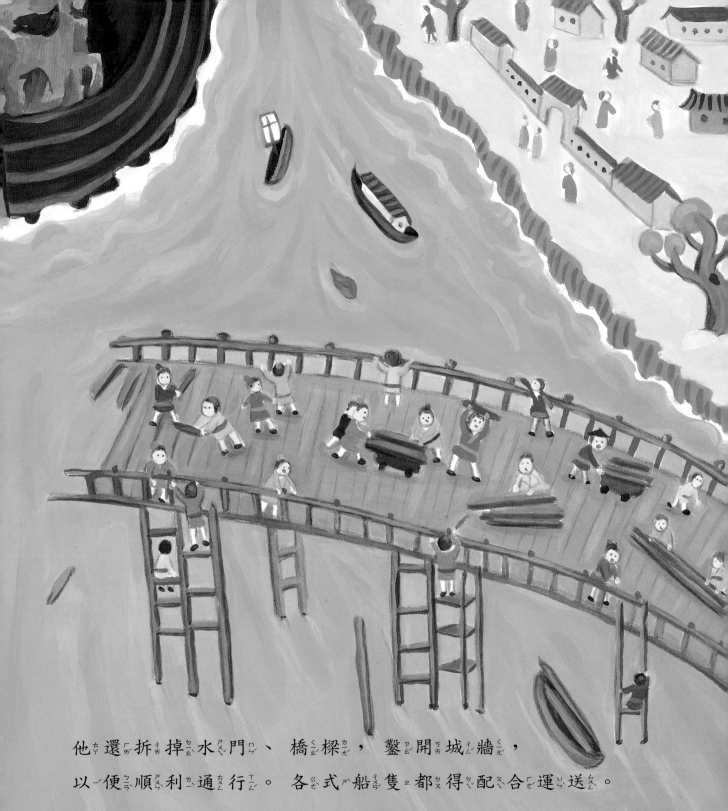

他還拆掉水門、橋樑，鑿開城牆，
以便順利通行。各式船隻都得配合運送。

徽宗搜刮奇花異石，不只欣賞把玩，還計畫用進獻的江南奇石，建造「萬歲山」。為此他徵召了民工數十萬，耗費稅收，濫加勞役。曾有太學生鄧肅寫詩勸戒，結果被徽宗勒令退學。

徽宗寵信六奸臣，
人們稱為「六賊」──
蔡京、王黼、童貫、
梁師成、朱勔、李邦彥。
他們彼此勾結，排除異己，
敗壞朝政，收賄賣官。
民間因此作了很多歌謠來諷刺六賊。

因為朱勔等人
利用「花石綱」勒索百姓，
大發橫財，
帶給人民極大的痛苦，
引發了方臘之亂。
作亂的百姓，痛恨貪官汙吏，
只要抓到官員，
就會痛打一頓，甚至鞭屍洩憤。

23

徽宗為了平息民變，
只好廢止「花石綱」。
但是他仍不知反省，
遇到黃河變清、鶴鳥飛來，
還自以為天賜吉兆，
連神明都肯定他的作為。

「六賊之首」的蔡京趁職務之便，搜刮財富，購置田產、大建豪宅。蔡京生日時，各地官員還大排長龍進獻財寶，人稱這個規矩為「生辰綱」。奸臣貪婪導致民怨沸騰，加上徽宗用人不明，種下了亡國禍根。

徽宗還迷信道教，在各地大肆修建道觀，甚至為道士設立官階，發給薪水，因而拖垮國家財政。當金人兵臨城下，他叫道士作法，妄想以「法術」破敵。結果，「神」兵大敗，金軍攻破首都汴京。

徽宗生性風流，

後宮有美女一萬多名，　卻仍流連青樓。

金兵攻入首都後，　掠奪財寶、　傷害百姓，

徽宗毫不關心；

但一聽說自己的書法、　繪畫收藏

被破壞、　奪走，　反而不停哀嘆……

海上之盟

32

先前宋、遼兩國曾經簽署「澶淵之盟」，
靠著財物賄賂，
維持了約一百年的和平狀態。
但好大喜功的徽宗眼見金國力量興起，
便與金國訂下「海上之盟」，
約定一起攻打遼國，企圖消滅遼國，
收復燕雲十六州。

「聯金滅遼」其實是宦官童貫
引薦趙良嗣所獻的計謀，
宋、金約定分頭攻打遼國。
但童貫率領二十萬大軍，竟然吃下敗仗。
這一役，暴露了宋朝的腐敗與衰弱，
引發了金國侵略宋朝的野心。

徽宗見金兵銳不可當，

自己大勢已去，

便將帝位趕緊禪讓，

自稱「道君皇帝」，

把爛攤子丟給兒子欽宗收拾。

遼國滅亡後，金國立刻揮兵入
侵宋朝，釀成靖康之變，徽、
欽二帝被俘虜，北宋滅亡。

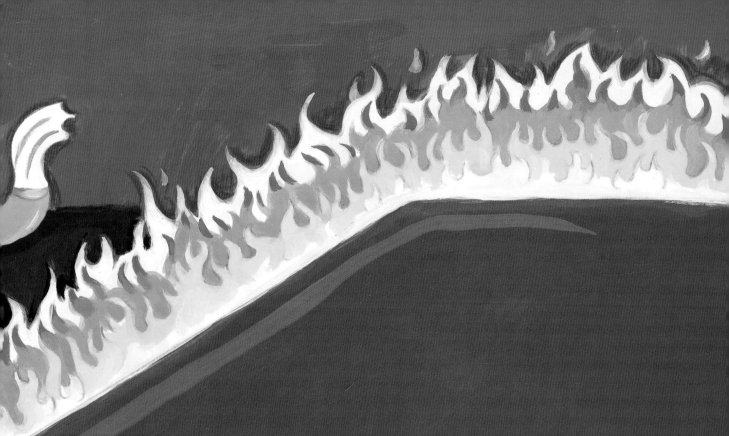

徽宗、欽宗被俘北上。
一路上徽宗仍不停作詩，
抒發感觸、苦中作樂。
後來，徽宗受不了敵人精神虐待，
病死於五國城，按當地習俗火葬。
直至南宋與金議和，
徽宗棺木才有機會返回中原。

宋徽宗趙佶

誤國的書畫皇帝

讀本

原典解說◎林哲璋

宋徽宗是中國歷史上最著名的藝術家皇帝，以「瘦金體」聞名的宋徽宗，周圍有哪些重要的人呢？

金太宗完顏晟，是金朝第二位皇帝，金太祖的弟弟。他身材魁梧，力大無比，能親手與熊虎搏鬥而不畏懼。在位期間，下令攻破北宋都城汴京，並俘虜宋徽宗、欽宗北上，開啟了南宋偏安的時代。

金太宗

相關的人物

TOP PHOTO

宋徽宗

宋神宗

宋徽宗趙佶（1082～1135年）是北宋倒數第二個帝王，富有藝術才能並且擅長書畫。他的書法具有細長的特色，歷史上稱為「瘦金體」。由於他任用蔡京、童貫等無能的官吏，又加上好大喜功，間接導致了宋朝的滅亡。

宋神宗趙頊是宋徽宗的父親。他即位後對北宋的積弱不振深感憂心，於是起用王安石推行變法，企圖振興北宋國勢，稱為「熙寧變法」。不過這次改革也引發朝廷的衝突，支持與反對的大臣互不相讓，造成不安定的局面。

宋徽宗的宰相，在位期間大興勞役，民不聊生。他擅於書法，所謂北宋「蘇、黃、米、蔡」的四大書法家中，「蔡」就是指蔡京，但後人認為蔡京「人品奸惡」，於是就將蔡京改為蔡襄。右圖為宋徽宗所繪〈聽琴圖〉。畫中古松樹下的彈琴者為宋徽宗，端坐左側的青衣者為童貫，有一童子侍立在旁，紅衣者為蔡京。〈聽琴圖〉詩為蔡京所題。

蔡京

童貫

宋徽宗寵幸的宦官。蔡京曾經透過童貫，將他的書法拿給宋徽宗看，於是得以重新擔任宰相。童貫受宋徽宗的信賴，於是被任命掌握兵權，成為北宋有史以來第一位宦官節度使。

宋欽宗

宋欽宗趙桓，宋徽宗的兒子，也是北宋最後一個帝王。宋徽宗在金兵入侵時，緊急將帝位傳給宋欽宗。宋欽宗雖然任用名臣李綱抗敵，但終究不能重用，只想跟金國求和。金國便趁機滅了北宋，史上稱為「靖康之變」。

宋徽宗在位期間成立了畫院，將藝術的發展推至了頂端，但同時也是內憂外患頻仍的時代。

1100 年

宋哲宗於這一年病逝，由於哲宗沒有兒子，於是逝世之後由他的弟弟趙佶即位，就是後來的宋徽宗。即位時間就在同年，並改年號為「建中靖國」。宋徽宗在位期間總共二十五年。左圖為宋徽宗執政的「大觀」時期所鑄造的銅錢，錢幣上的「大觀通寶」四字是宋徽宗的字跡。

即位

相關的時間

畫學入科舉

1104 年

宋徽宗即位以後，由於喜好書畫，於是在這一年，成立翰林書畫院，正式將繪畫納入科舉考試。成立畫院不僅能招攬天下的繪畫人才，而且也將書法與繪畫的發展推至頂端。上圖為〈摹張萱虢國夫人遊春圖〉局部，就是由宋徽宗出題，宮廷畫院畫家所完成的御題畫。遼寧省博物館藏。

1120 年

宋徽宗在位期間，不僅宦官當權，又設立「花石綱」，使得民不聊生。在這一年，方臘在安徽率領民眾起義，在東南方建立新政權。隔年，雖被宋軍平定，但也間接造成北宋國力的衰弱。

1120 年

宋徽宗無視宋遼間百年的和平相處，於這一年與金國締結「海上之盟」，企圖聯合滅遼。金兵滅亡遼國之後，於五年後入侵北宋。宋徽宗在無力應付之餘，將帝位傳給欽宗。

1126 年

這一年宋欽宗即位，年號靖康。金太宗命東、西兩路軍隊大舉進攻北宋，宋軍作戰不利，被金兵攻破首都汴京，史稱靖康之變。隔年，金太宗下詔將宋徽宗、欽宗貶為平民，並強擄北上囚禁。

1127 年

北宋滅亡後，宋高宗趙構即位，後來在杭州定都，開啟南宋時期。宋徽宗被擄北上時，曾派曹勳從金國逃到南宋求救。曹勳臨行前，宋徽宗將身上背心脫下，寫上救援的字詞要他轉交給高宗，期望高宗能夠發兵救援。

1135 年

宋徽宗、欽宗被擄之後，囚禁在五國城。宋徽宗被囚期間，仍然雅好讀書、繪畫、作詩，但由於囚禁期間受盡折磨，終於在被囚禁的九年後，病逝五國城。

徽宗精通書畫，並以「瘦金體」聞名，在他任內因為花石綱、迷信道教，導致了靖康之變及北宋的亡國。

《道藏》是一部彙整收集大量道教經典的叢書。由於宋徽宗崇信道教，在位期間大量興建道教宮觀，並多次下詔蒐集道教典籍，編成《政和萬壽道藏》，是中國第一部全部出版的《道藏》。此外，還著有《道德經注》、《沖虛至德真經注》等道教相關的著作。

道藏

TOP PHOTO

宋徽宗是歷史上著名的藝術家皇帝，精通書法、繪畫。他的書法在褚遂良、黃庭堅等人的風格上，創出新的字體，史稱「瘦金書」或「瘦金體」。瘦金體的特色是筆畫纖細瘦長，故因此而得名。上圖為宋徽宗所繪〈瑞鶴圖〉局部，此局部為宋徽宗御筆題詞。中國遼寧省博物館藏。

瘦金體

相關的事物

御題畫

汝窯

宋徽宗的繪畫作品可分為「御題畫」和「親筆畫」兩種。所謂「御題畫」就是皇帝親授畫意，由宮廷畫家繪製而成的作品。

汝窯與官窯約略同時，都是北宋後期宋徽宗年間所建造的，但是汝窯開窯時間前後不足二十年。汝窯所燒製出來的瓷器，最特別的地方在於它的「釉色」。由於汝窯燒製的青瓷，具有獨特的魅力，因此也推舉為五窯之首。

宋徽宗在繪畫上，習慣簽上「天下一人」的花押。此一花押別出心裁，結構鬆散有如「天」字，或而又像「開」的簡體字「开」，用來表示「天下一人」四個字。右圖為宋徽宗所繪〈臘梅雙禽圖〉，落款處就是他最具代表性的「天下一人」花押。中國四川博物館藏。

天下一人

花石綱

官窯

宋徽宗喜歡奇花異石，在位期間成立「花石綱」。所謂的「綱」是指一種運輸隊伍，花石綱就是將天下的奇花異石運輸到皇宮內院。花石綱所到之處，無不藉故搜刮民產，惹得民怨沸騰，間接導致北宋的滅亡。

中國宋朝瓷器的生產，以「汝窯」、「官窯」、「哥窯」、「鈞窯」、「定窯」五個窯口所出產的瓷器最為著名，合稱為「宋朝五大名窯」。其中的「官窯」是宋徽宗年間在汴京所建造的，燒製的瓷器主要以青瓷為主。

被金國滅國的宋徽宗，在回到故土安歇前，歷經了什麼樣的地方？

汴京，又稱東京，今河南開封。由於長安殘破不堪，加上汴京為運河輸送的重要轉運站，因此五代所建立的政權，如後梁、後晉、後漢、後周皆定都汴京。宋朝也定都在汴京，到了徽宗時，繁榮達到頂峰。

汴京

女真族建立了金朝之後，定都在會寧，會寧於今日的黑龍江省境內。靖康之變，宋徽宗與欽宗被擄北上，途中受盡凌辱。來到都城會寧時，二帝及宋俘均被命令袒胸赤背並身披羊皮，向金太祖廟跪拜。

會寧

相關的地方

五國城

TOP PHOTO

金太宗最後將宋徽宗、宋欽宗二帝囚禁在五國城境內，即位於今日的黑龍江省境內。到達五國城時，隨行的人僅剩一百餘人。在囚禁期間，宋徽宗仍然雅好寫詩讀書，但由於生活條件惡劣，終於在五年後病逝。上圖為五國城古城遺址。

宋徽宗與金國簽訂聯合滅遼的條約，盟約中金國同意歸還遼國侵佔已久的燕雲十六州。十六州大約即今北京、天津以及山西、河北一帶，是邊疆重要的防線。在後晉時割讓給契丹，使北宋失去防守要塞，導致外族可輕易入侵。

TOP PHOTO

燕雲十六州

皇帝岩位於今日湖南省南嶽衡山境內，中國境內的五嶽是指東嶽泰山、西嶽華山、南嶽衡山、北嶽恒山和中嶽嵩山。宋徽宗曾在南嶽題有「壽嶽」二字，現仍存於南嶽金簡峰的皇帝岩。

皇帝岩

宋徽宗被押到金國首都會寧之後，旋即轉押於韓州，韓州位於今日遼寧省境內。在韓州時，金人將城內女真住戶全部遷出，只供徽、欽二帝等俘虜居住，讓他們自耕自食。這時的宋徽宗被金國封為昏德公，受盡屈辱。

韓州

永固陵

宋高宗與金國達成紹興和議的協定後，金國同意將徽宗歸葬於南宋境內。靈柩抵達臨安之後，宋高宗將徽宗安葬於會稽，名為永固陵，後來又改名為永佑陵。陵寢位於今日的浙江省境內。

宋徽宗

　　宋哲宗過世時，沒有兒子，大臣章惇主張依例擁立宋哲宗同母之弟「簡王」為帝，但皇太后極力主張由「端王」趙佶繼承帝位，章惇最後讓步，不再堅持。

　　章惇一直認為趙佶個性輕佻，不適合統治天下。事實證明徽宗雖然在文學、藝術方面成就耀眼，但他優柔寡斷、不敢面對現實的個性，實在無法擔當大任，最後，果然將北宋帶向了滅亡之路。

　　宋徽宗因為蔡京的推薦，任命宦官童貫執掌兵權，破壞體制。童貫又推薦趙良嗣提供的「聯金滅遼」之計，破壞了宋遼百年和平。童貫依盟約帶二十萬士兵配合金人攻遼，卻無法取勝，反倒把宋朝的弱點顯現在金人眼前。

　　徽宗既然決定聯合金人，與金結盟，卻又不聽趙良嗣勸告，接納了從遼國投降金國的平州守將張覺來降，因此得罪了金國，讓金

遼天祚之亡，張覺舉平州來歸，良嗣以為納之失信於
金，必啟外侮。使二人之計行，宋不立徽宗，不納張
覺，金雖強，何釁以伐宋哉？ ──《宋史‧徽宗本紀》

對宋有了出兵的藉口。而徽宗既然決定接納金國叛將，又不能堅持
立場，出賣了張覺。這讓許多為宋朝守邊的降將人人自危，邊境軍
民的士氣一一瓦解。

　　史學家感嘆說：「若是當初章惇堅持己見，不立徽宗；或者，
趙良嗣所提『拒納張覺』的建言被徽宗採用，縱使金人再強，
恐怕也找不到機會、藉口出兵攻宋呀！」

　　徽宗見戰事一發不可收拾，心生恐懼，趕緊讓位給兒子，
把爛攤子丟給欽宗，自己則南巡去遊山玩水。本來金人聽說
宋徽宗讓位，以為宋朝將有一番新氣象，曾經心生退兵的念
頭。但徽宗荒唐行徑已令北宋政治病入膏肓，最終無法改變
亡國的局面。

自古人君玩物而喪志，縱慾而敗度，鮮不亡者，徽宗甚焉，故特著以為戒。 ──《宋史·徽宗本紀》

　　徽宗喜愛文學、藝術，可惜光靠文學、藝術的天分，無法治理好國家。徽宗的文學素養好、藝術天分高，只可惜他忘了自己的本業是政治、正職是皇帝，且最重要的任務是治理好國家、安頓好百姓。宋徽宗雖然多才多藝，許多技能都十分擅長，但就是沒能力做好皇帝該做的事。他喜歡附庸風雅、收藏奇巧玩意，卻導致荒廢朝政，忽略百姓疾苦。甚至因為他個人的喜好，讓亂臣賊子有機可乘──官員貪汙腐敗，激起民變。

　　徽宗寵信的奸臣蔡京就為了取悅徽宗，大興土木，籌建「萬歲山」等工程，搜刮百姓家的奇花異石、書畫收藏，建立勞民傷財的「花石綱」制度。造成數十萬戶人家流離失所。之後引起的民變「方

54

臘之亂」，至少又有二百多萬名民眾的性命受到波及。

史學家批評：「自古以來，一國君主沉迷於無益的玩物，必定導致志氣消磨殆盡，欲望無法節制，結局下場幾乎沒有不亡國受辱的。宋徽宗算是最具代表性的例子，因此，特地標明記錄下來，作為後世的警惕。」

宋徽宗除了玩物喪志導致亡國；他逃避現實、自我感覺良好的個性，也是一大缺陷：例如，金人都已經攻到皇城下，徽宗竟還相信道士郭京真能使用巫術「六甲法」破敵。結果，反而大開門戶，讓金兵順利攻入皇宮。而徽宗在位時，曾經遇到黃河河水變為清澈，便歡天喜地，聽信臣子逢迎拍馬之語，以為這是太平盛世──「黃河清，聖人出」──的徵兆。徽宗在位時出現過三次「黃河變清」，皇帝百官額手稱慶，用各種形式歌功頌德──不但譜成歌曲流傳，還特別設置「河瀆碑」紀念。但立碑後僅僅十五年，徽宗和他的兒子欽宗就被金人俘虜北上，北宗亡國。

宋欽宗

　　徽宗在位後期，金人已攻入宋朝，負責監軍抵抗的奸宦童貫竟私自從戰場逃回京師。後來，郭藥師等戍邊將領反叛，國家岌岌可危，徽宗才想到要廢止勞民傷財的「花石綱」制度，但情勢已難以扭轉。最後，妄想逃避責任的徽宗企圖盡快把皇帝的位子讓給兒子欽宗，下詔禪讓皇位給太子，自己改稱教主道君太上皇帝。他催促皇太子趕快到皇宮中來，想把危在旦夕的國家及不可收拾的爛攤子丟給兒子。宋欽宗嚇壞了，不敢接受，堅持不接皇位，還因此生了病。儘管欽宗一再拒絕接受帝位，但是徽宗不給他反對的機會。宋欽宗趙桓不得已只好接受父親禪讓，即帝位，改年號為「靖康」。他明白父親的失敗是蔡京、童貫、朱勔、王黼等奸臣貪腐弄權所致。因此，上任後，立刻罷黜這些貪官汙吏。初期，他還能重用李綱等人對抗金兵，獲得成效。

　　只可惜宋欽宗個性也很懦弱，不能決斷。不久，又聽信奸臣讒

庚申，徽宗詔皇太子嗣位，自稱曰道君皇帝，趣太子入禁中，被以御服。泣涕固辭，因得疾。又固辭，不許。 ——《宋史·欽宗本紀》

言，罷免了李綱，企圖與金人求和。金人看穿了宋欽宗的怯懦，趁機南下渡河攻破北宋的東京開封，歷史上稱此事為「靖康之變」。

金人剛攻入皇宮時，還邀道君太上皇帝到城郊出遊。欽宗怕金人不安好心，便對金人說：「太上皇受了驚嚇，臥病在床，你們若堅持邀約，就由我代替太上皇赴約吧！」

之後金國皇帝金太宗就下詔將徽、欽二帝貶為庶人，命二帝脫去龍袍。隨行的吏部侍郎李若水抱著欽宗，不讓金人脫去皇帝的衣服，還對著金國將領完顏宗翰大罵。完顏宗翰大怒，命人割下李若水的舌頭，李若水無法說話，便怒目相視，以手相指，斥責金人為狗輩，結果又被挖目斷手，最終不屈而死。完顏宗翰慨嘆說：「遼國亡國的時候，為國家盡忠守死節的臣子有十數人，宋朝卻只有李侍郎一人。」

靖康初政，能正王黼、朱勔等罪而竄殛之，故金人聞帝內禪，將有卷甲北旆之意矣。惜其亂勢已成，不可救藥，君臣相視，又不能同力協謀，以濟斯難。

──《宋史·欽宗本紀》

　　欽宗即位時，太學生陳東等上書，要求追究六賊──蔡京、童貫、王黼、梁師成、李彥、朱勔──的罪行。剛開始欽宗還能振作精神，澄清吏治，將王黼、朱勔等人正法。又任用李綱等將領，甚至想親征戰場。幾次防衛戰役成功，一度使金人撤兵。可惜，政治紛亂的北宋君臣之間無法齊心同德，協力解救國難。於是，又引來了金兵入侵，導致國家滅亡、皇室被俘、臣民受辱。

　　金兵來襲時，徽宗還在以太上皇的身分，遊歷東南。依附徽宗的官員常造成欽宗施政的困擾，欽宗因此罷黜了六賊的黨羽。但是受到道君太上皇帝影響，不久後欽宗仍將蔡京、童貫、王黼等人推薦的官員復職。欽宗對外面臨金人強敵，對內又要應付政治上的舊

有勢力，實在進退維谷、疲於奔命。

靖康之變後，岳飛等南宋將領成功抵禦金人的入侵，屢屢打敗金人部隊，將金朝勢力壓縮到開封東部及北部，金人開始轉向接受議和。金人為了改善與南宋的關係，追封原為二品「昏德公」的宋徽宗為天水郡王，將欽宗從三品「重昏侯」封為天水郡公。提高了兩人的級別、去掉了原封號中的侮辱義涵。南宋高宗則以十二道金牌召回岳飛，解除岳飛等北伐將領的軍權，為「紹興和議」做準備。

和議談定後，高宗生母韋賢妃得以陪同徽宗棺木返回南宋。臨行時，欽宗拉住她的車輪，請她轉告高宗，如果能救他回去，他不想再做皇帝，絕不會和高宗爭搶皇位，只要做個太乙宮主就滿足了。但高宗心中仍有疑慮，所以欽宗至死都未能回到宋朝。

之後欽宗去世，傳説死因是金朝皇帝叫同為戰敗國皇帝的遼天祚帝和宋欽宗比賽打馬球，宋欽宗墜馬，被馬匹踐踏致死，五年後，南宋朝廷才得知這項死訊。

蔡京

　　蔡京為官時，既受到反對新法的司馬光賞識，又得到主張新法的章惇重用，就可看出蔡京的投機性格。後來，他被貶至杭州，遇到了正在民間搜刮書畫及奇巧玩意的童貫，兩人一拍即合。童貫不斷將蔡京的書畫作品呈獻給徽宗，並加以美言，使得熱愛文藝的徽宗對蔡京印象極佳；再加上蔡京又勾結能疏通後宮的徐知常，讓皇帝天天從宦官、宮妃口中聽到蔡京的好話，果然，蔡京過了不久就開始平步青雲。

　　當時，徽宗想要恢復王安石新法，蔡京利用這點，以神宗、哲宗時體例為藉口，挾制天子，濫設機構，大量起用自己的人馬。

　　蔡京更挪用公帑，增加員額，為官吏士兵加薪數倍，來籠絡人心。縱使身居高官、卻十分貪婪。宋朝規定臣子兼任數個官職者，薪水、實物津貼、助理費用等按例不能兩邊都領全薪，至少應打折扣。可是蔡京任僕射職時，卻開了惡例兼領司空職全薪，他把薪俸

京既貴而貪益甚，已受僕射奉，復創取司空寄祿錢，
如粟、豆、柴薪與傔從糧賜如故，時皆折支，亦悉從
真給，但入熟狀奏行，帝不知也。 ──《宋史‧蔡京傳》

支給的公文夾雜在一些日常公文中，交由皇帝底下官員、秘書決行，
使皇帝不能察覺。

　　宋朝原本的詔令制度是由中書、門下省合議，再交由大學士擬
定。宋神宗時，有所謂的皇帝手諭──不經由中書及門下省共議。
蔡京時，因為怕合議過程受到批評，便依神宗時例，制作皇帝手諭，
親自讓皇帝簽名認可，稱為「御筆手詔」，效力等同詔令，不遵守
者以違抗聖旨論處。蔡京利用這個漏洞，上下其手，玩弄朝政，官
員們皆敢怒不敢言。許多皇親國戚、近臣大官有所求時都來巴結蔡
京，希望能弄到一張御筆手詔。因為來求者多，蔡京還將書寫手詔
的工作交由官中侍臣楊球代筆。後來，楊球為謀利私下擬了不少手
詔，連蔡京都覺得有些浮濫過分時，卻已無法完全禁絕。

瀆上帝，罔君父，結奧援，輕爵祿，廣費用，變法度，妄制作，喜導諛，箝臺諫，熾親黨，長奔競，崇釋老，窮土木，矜遠略。 ——《宋史·蔡京傳》

徽宗剛當皇帝時，宋朝經過幾代的積累，國庫充盈。但是蔡京任意增設官爵、加薪士卒、廣設宮室、搜羅珍寶，使得前朝幾代積累的國庫幾乎花光。不僅如此，他還不停榨取民脂民膏：維修宮殿，他在蘇、杭設「造作局」，徵召工匠數千人，製造各類工藝器具，所用原料器材，都從民間搜括而來；又在蘇州設「應奉局」，專門奪取各種奇花異石，送往宮中，供皇帝賞玩。運輸這些花石物資需十船組成一綱，經大運河送往開封，途中徵召無數民眾勞役，名為「花石綱」。

蔡京為討皇帝歡心，除了「花石綱」，還在京都大興工役，讓兩河的四十萬百姓愁困至極，民不聊生。「萬歲山」的興建，最後更激起了民變「方臘之亂」。

蔡京又設「西城括田所」，名為調查荒田、整理公田，實際上則是大肆搜括民田；除了官方侵占田地，地方豪奢也趁機加入奪取民田，使得百姓怨聲載道。

　　當時的百姓對蔡京、童貫等奸人恨之入骨，還作了童謠傳唱：「打破筒（指童貫），潑了菜（蔡京），便是人間好世界。」

　　太學生陳朝老曾經上疏檢舉蔡京的十四點罪過：「褻瀆上帝，欺罔君上，自組派系，隨便任官，浪費公帑，扭曲法制，假造聖旨、逢迎諂媚、箝制諫言、結黨營私、鑽營投機、迷信宗教、浮濫建設、豪奪民產。」希望皇上能處罰蔡京流放到蠻荒之地，讓他去對付和他一樣邪惡的妖魔鬼魅。陳朝老這封諫疏一公布，知識分子爭相傳抄，認為這篇文章具備史書寫實的條件，是據實的記載。

　　後來，欽宗即位，邊境告急。蔡京竟然舉家遷至南方，只求自保。太學生檢舉「六賊」，欽宗將蔡京一路貶至儋州，才走到半途，年邁的蔡京就去世了。當時，天下人對於沒讓他接受國法制裁，以死謝罪，還深深覺得不滿、可惜呢！

童貫

　　童貫身材魁梧，睛睛炯炯有神，雖是太監，竟然下巴還長有鬍子。皮膚骨骼硬朗如鐵，不像是個被閹割的人。他出於宦官李憲門下，個性機巧，善於諂媚，自從擔任宮庭侍從，就非常善於察言觀色，準確猜測主上內心想法，順著君王的心意處理事情。他花錢大方，後宮從嬪妃以下，到一般的宮女，他都加以賄賂，也因此，皇帝一天到晚都能聽到他的好話。等到他掌權，來巴結他的人多不勝數，從他門下，出了不少大官，彼此結黨營私，禍亂天下。

　　起初，童貫奉徽宗命令至杭州搜括書畫作品，剛好碰到被貶至杭州的蔡京，兩人一拍即合。不久，蔡京受到重用，與蔡京狼狽為奸的童貫當然也開始平步青雲、升官發財，甚至成為北宋有史以來第一位擔任節度使的宦官。

　　蔡京得勢後，極力推薦童貫擔任監軍，隨十萬兵馬出發戍邊。出發後，皇宮突然失火，皇帝擔心不測，下旨要童貫暫緩出兵，童

性巧媚，自給事宮掖，即善策人主微指，先事順承。

——《宋史·童貫傳》

貫卻隱匿旨令。事後，因為戰事順利，童貫未受責罰，反而升官，此事顯現出童貫的私心偽忠。

後來，童貫一度帶領精兵深入敵境，與西夏人對峙。童貫誇下海口預言自己會得勝，還命大將軍劉法進攻朔方一帶。身經百戰的劉法知道情勢不宜出兵，童貫卻逼迫他即刻出戰，最後劉法遭遇伏兵戰死。童貫害怕受責，竟然隱匿敗績，還向朝廷告知捷報，要求官員向皇帝道賀，文武百官個個咬牙切齒，卻是敢怒不敢言。

童貫掌兵權二十年，權傾一時，曾有人檢舉他犯罪，皇帝命方劭查訪實情。方劭的一舉一動，卻早已被童貫掌握，童貫進而設計陷害方劭，讓方劭被判處死刑。

童貫領軍戍邊時，有弓箭手擅離職守，導致責任區域失守，竟未受罰，還能奉派駐守新戰地；士兵逃亡，不受軍法追究，且能調往其他部隊……童貫監軍，賞罰不明，軍紀敗壞。

平生童太師作幾許威望，及臨事乃蓄縮畏懾，奉頭鼠竄，何面目復見天子乎？——《宋史·童貫傳》

「方臘之亂」起，官吏被亂民擒獲，必遭凌虐至死，以消民怨。起初，六賊之一的王黼還隱匿民變不報，使得亂事愈演愈烈。等到徽宗得知消息，派童貫率領韓世忠等名將及大軍十五萬前往圍剿，平定亂事，童貫因此受封太師。

童貫也是聯金滅遼的關鍵人物，他在出使遼國時，勸降了遼國大臣馬植（之後化名趙良嗣）。趙良嗣獻上了聯金抗遼之策。宋、金於是締結「海上之盟」——約定金進攻遼國的中央，宋進攻遼的燕京。但童貫率領的二十萬大軍，卻因積弱腐化而大敗，被金兵看穿底細，種下日後北宋滅亡之禍根。

金兵滅遼後，以宋朝庇護金朝降將張覺為名對宋朝出師，童貫原本還嘻皮笑臉，禮遇金朝使者。等到發現金人目的在威脅宋朝割

讓兩河之地，童貫覺得不妙，竟想逃回京城。當時的太原太守張孝純譏笑他說：「金人毀棄盟約，您應該號令天下抵抗金人，今日卻意圖背棄屬下遁逃，是準備要把河東這兒的國土送給敵人嗎？河東之地失守，京城不就岌岌可危？」童貫竟然回答：「我只是奉皇命來做慰勞撫恤的工作，不是擔任守衛之職。太守你硬要留我下來，豈不是對領軍的元帥太沒有信心了嗎？」張孝純拍掌大嘆：「您平時作威作福，擅自越權發令，根本沒把元帥及諸位將軍放在眼裡。現在大難臨頭了，竟然畏畏縮縮，抱頭鼠竄，您到底有什麼臉回去見皇上呢？」

　　童貫最後還是逃回京城。這時欽宗已受徽宗禪讓登基，他下令親征，要童貫留守開封。想不到童貫竟然抗命，跑去陪徽宗南巡。

　　後來，御史及國人對童貫的彈劾、檢舉愈來愈多，欽宗貶童貫至廣東南雄，還未到達，監察御史張澄又奉旨追來將童貫賜死，把首級送回朝廷，懸掛於都城市集，以平民憤。

當宋徽宗的朋友

出生帝王世家，不論是天才還是傻子，哪怕合不合適，情勢一迫，還是得趕鴨子上架，負起一統天下的責任。

宋徽宗雖然貴為九五之尊，卻不勝其任。理應受命於危難之際，卻成日醉心於賞花玩石、吟詩作畫。不過，他自創書法「瘦金體」的確是空前絕後，名垂青史。

這樣一位富有超高藝術造詣的君王，讓我們不禁惋嘆宋徽宗若是生在平常人家，北宋說不定不會走向滅亡，大半江山也不會拱手送人。

晚年的宋徽宗被俘金國，飽受敵人欺侮虐待直至憂憤病死，但他死前仍認為「江山社稷都為大臣所誤」，並沒有認識到是因為自己玩物喪志、昏庸奢侈而導致國破家亡。由此可知，宋徽宗不但自以為是，還不懂得反省自己，追求享樂卻不知國難當頭。

或許宋徽宗的身邊就是缺少一位忠言逆耳的賢臣，能提醒他在創作玩樂的同時應該勤勉施政、恪守本分，盡心盡力為國家排勞解憂。而不是為了討好他，反倒掠奪搜刮奇珍異物，壓榨勒索平民百姓，養成宋徽宗無度、費財勞民的壞習慣。

你可以學習宋徽宗多才多藝、陶冶情操的優良嗜好，但千萬別學他醉生夢死、貪圖安逸的不務正業。你可以有培養興趣的選擇，但應該認清自己當下的本分，是視興趣為正業？還是只是當作閒情逸致的消遣活動？千萬不可本末倒置，讓玩樂之心逐漸侵蝕自己。

我是大導演

看完了宋徽宗的故事之後，
現在換你當導演。
請利用紅圈裡面的主題（藝術），
參考白圈裡的例子（例如：作畫），
發揮你的聯想力，
在剩下的三個白圈中填入相關的詞語，
並利用這些詞語畫出一幅圖。

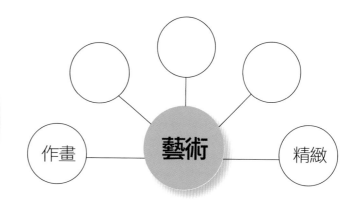

◎ 少年是人生開始的階段。因此，少年也是人生最適合閱讀經典的時候。

因為，這個時候讀經典，可以為將來的人生旅程準備豐厚的資糧。

因為，這個時候讀經典，可以用輕鬆的心情探索其中壯麗的天地。

◎ 【經典少年遊】，每一種書，都包括兩個部分：「繪本」和「讀本」。

繪本在前，是感性的、圖像的，透過動人的故事，來描述這本經典最核心的精神。

小學低年級的孩子，自己就可以閱讀。

讀本在後，是理性的、文字的，透過對原典的分析與說明，讓讀者掌握這本經典最珍貴的知識。

小學生可以自己閱讀，或者，也適合由家長陪讀，提供輔助說明。

---

001 黃帝　遠古部落的共主
The Yellow Emperor: The Chieftain of Ancient Tribes
故事／陳昇群　原典解說／陳昇群　繪圖／BIG FACE

遠古的黃河流域，衰弱的炎帝，無法平息各部族的爭戰。在一片討伐、互鬥的混亂局勢裡，有個天生神異，默默修養自己的人，正準備崛起。他，就是中華民族共同的祖先，黃帝。

002 周成王姬誦　施行禮樂的天子
Ch'eng of Chou: The Establishment of Chinese Etiquette
故事／姜子安　原典解說／姜子安　繪圖／簡漢平

年幼即位的周成王，懷抱著父親武王與叔叔周公的期待，與之後繼位的康王，一同開創了「成康之治」。他奠定了西周的強盛，開啟了五十多年的治世。什麼刑罰都不需要，天下無事，安寧祥和。

003 秦始皇　野心勃勃的始皇帝
Ch'in Shih Huang: The First Emperor of China
故事／林怡君　原典解說／林怡君　繪圖／LucKy wei

綿延萬里的長城、浩蕩雄壯的兵馬俑，已成絕響的阿房宮……這些遺留下來的秦朝文物，代表的正是秦始皇的雄心壯志。但是風光的盛世下，卻是秦始皇實行暴政的證據。他在統一中國時，也斷送了秦朝的前程。

004 漢高祖劉邦　平民皇帝第一人
Kao-tsu of Han: The First Peasant Emperor
故事／姜子安　故事／姜子安　繪圖／林家棟

他是中國第一個由平民出身的皇帝，為什麼那麼多人都願意為他捨身賣命？憑什麼他能和西楚霸王項羽互爭天下？劉邦是如何在亂世中崛起，打敗項羽，成為漢朝的開國皇帝？

005 王莽　爭議的改革者
Wang Mang: The Controversial Reformer
故事／岑澎維　原典解說／岑澎維　繪圖／鍾昭弋

臣民都稱呼他為「攝皇帝」。因為他的實權大大勝過君王。別以為這樣王莽就滿足了，他覬覦的可是真正的君王寶位。於是他奪取王位，一手打造全新的王朝。他的內心曾裝滿美好的願景，只可惜最終變成空談。

006 北魏孝文帝拓跋宏　民族融合的推手
T'o-pa Hung: The Champion of Ethnic Melting
故事／林怡君　原典解說／林怡君　繪圖／江長芳

孝文帝來自北魏王朝，卻嚮往南方。他最熱愛漢文化，想盡辦法要讓胡漢兩族的隔閡減少。他超越了時空的限制，不同於一般君主的獨裁專制，他的深思遠見、慈悲寬容，指引了一條民族融合的美好道路。

007 隋煬帝楊廣　揮霍無度的昏君
Yang of Sui: The Extravagant Tyrant
故事／劉思源　原典解說／劉思源　繪圖／榮馬

楊廣從哥哥的手上奪走王位，成為隋煬帝。他也從一個父母眼中溫和謙恭的青年，轉而成為嚴格殘酷的帝王。這個任意妄為的皇帝，斷送了隋朝的未來，留下昭彰的惡名，卻也樹立影響後世的功績。

008 武則天　中國第一女皇帝
Wu Tse-t'ien: The only Empress of China
故事／呂淑敏　原典解說／呂淑敏　繪圖／麥震東

她不只想當中國第一個女皇帝，她還想開創自己的朝代，把自己的名字深深的刻在歷史的石碑上。她還想改革政治，找出更多人才為國家服務。她的膽識、聰明與自信，讓她註定留名青史，留下褒貶不一的評價。

◎ 【經典少年遊】，我們先出版一百種中國經典，共分八個主題系列：
詩詞曲、思想與哲學、小說與故事、人物傳記、歷史、探險與地理、生活與素養、科技。
每一個主題系列，都按時間順序來選擇代表性的經典書種。

◎ 每一個主題系列，我們都邀請相關的專家學者擔任編輯顧問，提供從選題到內容的建議與指導。
我們希望：孩子讀完一個系列，可以掌握這個主題的完整體系。讀完八個不同主題的系列，
可以不但對中國文化有多面向的認識，更可以體會跨界閱讀的樂趣，享受知識跨界激盪的樂趣。

◎ 如果說，歷史累積下來的經典形成了壯麗的山河，那麼【經典少年遊】就是希望我們每個人
都趁著年少，探索四面八方，拓展眼界，體會山河之美，建構自己的知識體系。
少年需要遊經典。
經典需要少年遊。

經典
少年遊

youth.classicsnow.net

011
宋徽宗趙佶 誤國的書畫皇帝
Hui-tsung of Sung
The Tragic Artist Emperor

編輯顧問（姓名筆劃序）
王安憶 王汎森 江曉原 李歐梵 郝譽翔 陳平原
張隆溪 張臨生 葉嘉瑩 葛兆光 葛劍雄 鄭培凱

故事：林哲璋
原典解說：林哲璋
繪圖：林心雁
人時事地：林保全

編輯：張瑜珊 張瓊文 鄧芳喬
美術設計：張士勇
美術編輯：顏一立
校對：陳佩伶

企畫：網路與書股份有限公司
出版者：大塊文化出版股份有限公司
台北市10550南京東路四段25號11樓
www.locuspublishing.com
讀者服務專線：0800-006689
TEL：+886-2-87123898
FAX：+886-2-87123897
郵撥帳號：18955675
戶名：大塊文化出版股份有限公司
法律顧問：全理法律事務所董安丹律師

總經銷：大和書報圖書股份有限公司
地址：新北市新莊區五工五路2號
TEL：+886-2-8990-2588
FAX：+886-2-2290-1658
製版：沈氏藝術印刷股份有限公司

初版一刷：2013年2月
定價：新台幣299元